Els van Delden

De drie gangen

tekeningen
van Rick de Haas

Zwijsen

Sterlogo en schutbladen: Georgien Overwater
Vormgeving: Rob Galema (Studio Zwijsen)

STICHTING NEDERLANDSE
KINDERJURY
1995

AVI 2

8 9 10 / 03

ISBN 90.276.3154.9
NUGI 260/220

© 1994 Tekst: Els van Delden
Illustraties: Rick de Haas
Uitgeverij Zwijsen Algemeen B.V. Tilburg

Voor België:
Uitgeverij Infoboek N.V. Meerhout
D/1994/1919/116

De eerste gang

Rik springt van de trap.
Met een bonk komt hij neer.
„Klaar," roept hij.
„St," zegt papa.
Hij legt een vinger voor zijn mond.
„Straks wordt Jet nog wakker.
En Daan ook."
Papa klapt de trap in.
Ze kijken omhoog.

Rik lacht.
Hij is trots op de laatste slinger.
Die is fel blauw.
Er zitten kleine vlaggen aan.
Rik heeft hem in zijn eentje gemaakt.

Alles is versierd.
Voor Jet.
Morgen wordt ze zes.
Op vijf mei.
Jet weet niets van de slingers.
Ze slaapt al lang.
Daan ook, want die is pas vier.
Ineens draait papa zijn hoofd om.
Hij kijkt naar de deur.
„Stil eens," zegt hij.
„Hoorde ik iets in de gang?"

Hij houdt zijn hoofd scheef.
Hij luistert.
Mama luistert ook.
„Ik hoor niets," zegt ze.
„Ik ook niet," zegt Rik.
Hij schudt zijn hoofd.
Papa legt zijn hand op Riks haar.
„Dan heb ik me vergist."
Maar dan...

De knop van de deur gaat omlaag.
Jet steekt haar hoofd om de hoek.
„Ik moest plassen," zegt ze.
„En ik..."

Dan ziet ze de slingers.
Ze stapt naar binnen.
Jet blijft staan.
Haar gezicht gloeit.
Haar kin zakt omlaag.
Ze kijkt heel verbaasd.
„Wat mooi!" roept ze met een zucht.
„Is dat voor morgen?"
„Ja, voor jou," zegt haar broer trots.
Jet straalt.
„Het lijkt nu al feest," zegt ze.
„Voor mij."
Ze staat te wippen.
Ze perst haar lippen op elkaar.

„Nu eerst plassen," zegt ze.
Vlug gaat ze naar de gang.
Jet komt terug van de wc.
Mama zit op de bank.
„Kom maar bij me, Jet," zegt ze.
„Maar niet te lang," zegt papa.
„Anders ben je morgen moe."
„Wat gaan we morgen doen?" vraagt Rik.
Hij komt ook op de bank zitten.
„Ik kook iets lekkers," zegt mama.
„Weet je iets, Jet?"

Jet hoeft niet lang na te denken.
„Friet met sla," zegt ze.
„Ja, en soep vooraf," zegt papa.
Rik knikt.
„En ijs toe," roept hij.
„Dat zijn drie gangen," zegt papa.

„Hup, nu naar bed.
Alle twee."
„Ik toch niet?" zegt Rik.
„Ik ben al haast acht!"
Dan gaapt hij.
Jet schiet in de lach.
„Jij bent ook moe," roept ze.
„Ja, van het voorfeest," zegt mama.

De tweede gang

Jet ligt weer in bed.
Het is heel laat.
Ze denkt nog een tijdje aan het feest.
Morgen, morgen! klinkt het in haar hoofd.
Ze woelt in bed.
Maar na een poosje valt ze toch in slaap.

Die nacht droomt Jet van het feest.
Ze droomt dat ze de kriebels heeft.
Die zitten vooral in haar buik.
Ze loopt op en neer in huis.
Wanneer komt het bezoek nu? denkt ze.
Ze kijkt om zich heen.
Het huis hangt vol slingers.
In de keuken staan zes taarten.
Op eentje branden zes kaarsen.

Ze gaat naar het raam.
Toe, schiet op! denkt ze.
Mama zit op de bank.
Ze kijkt tv.
Papa leest de krant.
Rik speelt met Daan, met de blokken.
Jet wordt een beetje boos.
Die vier zitten daar maar.
Die doen net of er geen bezoek komt.
Jet loopt naar de kraan.
Ze drinkt wat.

11

Maar de kriebels willen niet weg.
Weer gaat ze naar het raam.
Ze wil wat zeggen...
Dan klinkt hard de bel.
Jet schrikt.
Ze rent naar de voordeur.
Daar staat een lange rij mensen.
Het zijn er wel honderd.
Eén voor één stappen ze binnen.

Oma en opa van dichtbij:
„Dag, dag, dag!"
Zoen, zoen, zoen.
Oma en opa van ver:
„Dag, dag, dag!"
Zoen, zoen zoen.
Tien ooms.
Twintig tantes.
Mensen uit de straat.
Vrienden van school.
Jet wordt nat van het zoenen.
Ze wordt moe van het handen schudden.
Al gauw ligt er een berg pakjes.
Je kunt er haast niet over heen stappen.

Al het bezoek is binnen.
Rik wil de voordeur dicht doen.
Dan hoort hij knallen op straat.
Hij kijkt omhoog.
„Kom eens gauw, Jet," brult hij.
Jet komt meteen.
Daan holt achter haar aan.
In de lucht is vuurwerk.
Ze roepen Ooo en Aaa!
Knallen en ballen.
Sterren, rood, blauw, groen...
Zilver, goud.
Jet danst.
„Voor mij! Voor mij!" zegt ze zacht.
„Nu ben ik zes."
Het vuurwerk duurt wel een half uur.
Dan is het voorbij.
Ze gaan weer naar binnen.
Maar het feest is nog niet voorbij.
Het duurt een dag lang.

Mama heeft lekker gekookt.
Alle gasten blijven.
„Drie gangen!” zegt Rik blij.
Maar Daan kijkt sip.
„Ik eet niet op de gang,” moppert hij.
Mama wil hem troosten.
Maar...

Dan wordt Jet wakker.
Verbaasd kijkt ze om zich heen.
Ze ligt in bed.
Het duurt een tijd voor Jet het snapt.

De derde gang

Ineens weet ze alles weer.
Vandaag wordt ze zes jaar.
In huis hangen slingers.
Ze heeft ze zelf gezien!
Vannacht.
Het was heel laat.
Ze moest plassen.
Ze liep naar de wc.
Ze hoorde iets.
Ze ging naar binnen.
En toen...
Er hingen slingers!
„Dat was het voorfeest," zei mama.
Nu heeft ze gedroomd.
Weer was het feest.
Dat was het droomfeest.

Jet springt uit bed.
Ze holt de trap af.
Ze gaat naar binnen.
Daar staan ze!
Alle vier.
Papa, mama, Rik en Daan.
Ze zingen: „Lang zal ze..."
Hoera! Hoera, voor Jet.
Jet grinnikt.

„Wat zit er achter jullie rug?" vraagt ze
gauw.
„Eerst een feestzoen," zegt papa.
„Ja, wel zes," roept Rik.
Ze denkt weer aan haar droom.
Maar ze vertelt nog niets.
Eerst wil ze pakjes.
Ze wil pakjes die je kunt voelen.
Geen berg pakjes uit een droom.

Jet krijgt de pakjes.
Om elk zit een strik van blauw lint.
Jet is dol op blauw.
Ze voelt aan de pakjes.
Haar handen gaan er zacht over heen.
Ze voelen echt heel erg echt aan.
Jet zucht blij.

„Nu ben ik zes," zegt ze.
„En dit is het derde feest."
Mama kijkt verbaasd.
Papa schudt zijn hoofd.
Rik roept: „Hoezo?"
Dan vertelt Jet van de slingers en de droom.
Als ze klaar is, moet mama lachen.
„We hebben maar één taart," zegt ze.
„Maar wel met zes kaarsen," roept Rik
gauw.

„En honderd mensen op bezoek?" zegt
papa.
„Dat kan toch niet."
Jet geeft geen antwoord.
Ze denkt na.
Dan zegt ze blij:
„Maar dit is het aller aller aller fijnste feest!"
„Waarom?" vraagt Rik.

„Dit is geen voorfeest.
Het is geen droomfeest.
Het is een echt feest.
Met drie gangen."
„Ik eet niet op de gang," moppert Daan.

Ster

Onder de naam *Ster* verschijnen zes series boeken voor beginnende lezers. De series klimmen op in moeilijkheids- graad en sluiten aan op de series *Maan-roos-vis*.

Maan-roos-vis is bestemd voor beginnende lezers in de eerste drie maanden van het leren lezen. Daarna kunnen de kinderen de eerste *Ster*-serie lezen. De opklimming in moeilijkheids- graad is als volgt:

Ster serie 1: na ongeveer 4 maanden leesonderwijs
Ster serie 2: na ongeveer 5 maanden leesonderwijs
Ster serie 3: na ongeveer 6 maanden leesonderwijs
Ster serie 4: na ongeveer 7 maanden leesonderwijs
Ster serie 5: na ongeveer 8 maanden leesonderwijs
Ster serie 6: na ongeveer 9 maanden leesonderwijs

In *Ster* zijn tot nu toe verschenen:

Ster serie 1
1. Margriet Heymans: riet op de mat
2. Rindert Kromhout: hup naar huis
3. Joke van Leeuwen: niet wiet, wel nel
4. Elisabeth Marain: een huis voor een luis
5. Bart Moeyaert: de man in de maan
6. Hans Tellin: dip en zijn kip
7. Anke de Vries: juf, een koe voor de deur!
8. Truus van de Waarsenburg: kom kom, beer is niet dom

Ster serie 2
1. Janneke Derwig: Kus van oom Har
2. Rindert Kromhout: In de weg uit de weg
3. Jan-Simon Minkema: Zus en zon
4. Erik van Os en Elle van Lieshout: Jop is op de juf
5. Els Pelgrom: Hij heet Broek!
6. Hans Tellin: Een trol met heel veel haar
7. Dolf Verroen: Het beest van Bas
8. Truus van de Waarsenburg: Zou Beer ziek zijn?

Ster serie 3
1. Lieneke Dijkzeul: Wat is dat voor beest?
2. Els de Groen: Ik wil een hond
3. Annemie Heymans: Pien wil de nacht zien
4. Rindert Kromhout: Bram en de veelvraat
5. Els Pelgrom: Viespeuk
6. Marieke Scholten: Aagje en het schaap
7. Gitte Spee: Een taart voor Sep
8. Truus van de Waarsenburg: Soep van Beer smaakt naar meer

Ster serie 4
1. Dinie Akkerman: Flit, flat, flont
2. Els van Delden: De drie gangen
3. Rindert Kromhout: De troep van Joep
4. Els Pelgrom: Snoepje
5. Gitte Spee: Ik wil geen bril!
6. Dolf Verroen: Juf doe niet zo suf!
7. Anke de Vries: Het spookhuis
8. Truus van de Waarsenburg: Beer is de beste

Ster serie 5
1. Dinie Akkerman: Een deurtje in de muur
2. Lieneke Dijkzeul: Hoera, ik vlieg!
3. Hans Hagen: De prins en de slak
4. Annemie Heymans: Hoor! De merel zingt weer!
5. Rindert Kromhout: Lui Lei Enzo
6. Ted van Lieshout: Toen oma weg was
7. Mariël School: Mama zit in de put
8. Truus van de Waarsenburg: Beer reist heen en weer